DAS GROSSE BUCH ZUR

FUSSBALL EM 2024

STARTE DEIN FUSSBALL-ABENTEUER!

1. Auflage

Autor: Felix Bergmann (vertreten durch Jana Schaaf)
Umschlaggestaltung und Layout: Jana Schaaf

Verlag: jaschArt Publishing
Jacob-von-Korbach-Weg 51
48167 Münster

ISBN: 978-3-9825866-3-2

FEEDBACK UND ANREGUNGEN

Deine Meinung zählt! Schreibe uns gerne Anregungen und Feedback an info@jaschart-publishing.de. Wir freuen uns auf deine Rückmeldung!

Herzlich willkommen zur Fußball-Europameisterschaft 2024!

In diesem Buch wartet auf dich eine spannende Reise durch die Welt des Fußballs. Wir starten mit den spektakulären Stadien, die die Bühne für die Spiele bieten, lernen die teilnehmenden Teams kennen und entdeckte interessante Fakten. Danach kannst du in spanneden Quizfragen dein Wissen testen.

Mit dem Spielplan als Wegweiser kannst du alle Spiele verfolgen, Ergebnisse eintragen und deine eigenen Fußballerinnerungen festhalten. Dieses Buch ist dein persönlicher Begleiter durch das Turnier, bereit, die Freude und Begeisterung der EM 2024 mit dir zu teilen.

Lass uns in das Abenteuer Fußball eintauchen!

INHALTSVERZEICHNIS

HIER WIRD GESPIELT

WO HELDEN SPIELEN - ENTDECKE DIE STADIEN!

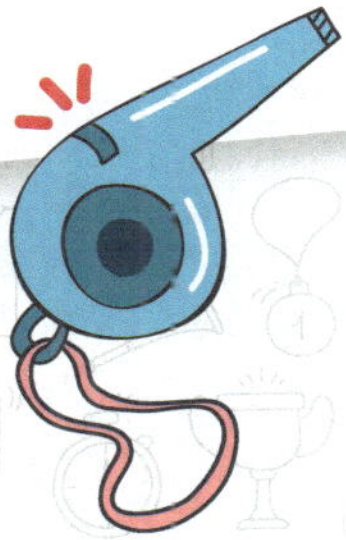

BERLIN

OLYMPIASTADION

Stadt: Berlin
Baujahr: 1936

Zuschauerplätze:
ca. 74.245

HIER WIRD GESPIELT

BERLIN

WUSSTEST DU ...?

Heimat der Helden:
Das Olympiastadion ist die Heimspielstätte von Hertha BSC, einem der Fußballvereine in Berlin. Stell dir die aufregende Atmosphäre vor, wenn die Fans ihr Team anfeuern!

Ein Finale zum Erinnern:
Im Jahr 2006 fand das Finale der FIFA-Weltmeisterschaft im Olympiastadion statt. Das ist, als ob das Stadion für einen Tag der Mittelpunkt der Fußballwelt war!

Tore, Tore, Tore:
Wusstest du, dass im Olympiastadion schon viele wichtige Tore gefallen sind? Bei jedem Spiel gibt es die Chance, dass ein neuer unvergesslicher Moment entsteht.

HIER WIRD GESPIELT

DORTMUND

SIGNAL IDUNA PARK

Stadt: Dortmund
Baujahr: 1974

Zuschauerplätze:
ca. 81.365

HIER WIRD GESPIELT

DORTMUND

WUSSTEST DU ...?

Gelbe Wand:
Eine der berühmtesten Fankurven der Welt befindet sich hier - die „Gelbe Wand“. Über 25.000 Fans in leuchtendem Gelb feuern hier den BVB an und sorgen für eine unglaubliche Stimmung!

Rekordbrecher:
Der Signal Iduna Park ist das größte Fußballstadion in Deutschland. Stell dir vor, wie es ist, wenn über 80.000 Menschen zusammenkommen, um Fußball zu feiern!

Geschichtsträchtige Tore:
In diesem Stadion wurden unzählige spektakuläre Tore erzielt. BVB-Spiele sind bekannt für ihre Spannung und die leidenschaftlichen Fans, die ihre Mannschaft lautstark unterstützen.

HIER WIRD GESPIELT

DÜSSELDORF

MERKUR SPIEL-ARENA

Stadt: Düsseldorf
Baujahr: 2004

Zuschauerplätze:
ca. 54.600

HIER WIRD GESPIELT

DÜSSELDORF

WUSSTEST DU ...?

Heimatvielfalt:
Obwohl die Arena hauptsächlich für Fußballspiele genutzt wird, ist sie auch die Heimat von Fortuna Düsseldorf. Die Vielseitigkeit macht sie zu einem besonderen Ort für viele Arten von Veranstaltungen.

Fußball und mehr:
Neben packenden Fußballspielen finden hier auch große Konzerte, Festivals und andere Sportereignisse statt. Es ist ein Ort, wo Sport und Kultur aufeinandertreffen!

Modernes Wunder:
Die Düsseldorf Arena ist für ihre moderne Architektur und ihr schließbares Dach bekannt. Egal, ob es regnet oder die Sonne scheint, die Spiele und Events können immer in perfekten Bedingungen stattfinden.

HIER WIRD GESPIELT

FRANKFURT AM MAIN

DEUTSCHE BANK PARK

Stadt: Frankfurt am Main
Baujahr: 1925, 2005 neu gemacht (renoviert)
Zuschauerplätze: ca. 58.000

HIER WIRD GESPIELT

FRANKFURT AM MAIN

WUSSTEST DU ...?

Heimat der Adler:
Der Deutsche Bank Park ist das Zuhause von Eintracht Frankfurt, auch bekannt als die „Adler". Die Fans sind für ihre leidenschaftliche Unterstützung bekannt und schaffen eine elektrisierende Atmosphäre.

Europäische Nächte:
Das Stadion hat viele unvergessliche europäische Fußballabende erlebt, besonders während der UEFA Europa League, wo Eintracht Frankfurt oft beeindruckende Leistungen zeigt.

Vielseitige Arena:
Neben Fußballspielen dient der Deutsche Bank Park auch als Austragungsort für große Konzerte und Events. Das macht es zu einem kulturellen Mittelpunkt in Frankfurt.

HIER WIRD GESPIELT

GELSENKIRCHEN

VELTINS-ARENA

Stadt: Gelsenkirchen
Baujahr: 2001

Zuschauerplätze:
ca. 62.271

GELSENKIRCHEN

WUSSTEST DU ...?

Ein Dach über dem Kopf:
Die VELTINS-Arena hat ein beeindruckendes schließbares Dach, sodass Spiele und Veranstaltungen bei jedem Wetter stattfinden können. Stell dir vor, das Dach schließt sich wie ein riesiger Schirm über dem Stadion!

Rasen zum Rollen:
Etwas ganz Besonderes ist der ausfahrbare Rasen. Der Spielfeldrasen kann tatsächlich aus dem Stadion herausgefahren werden, damit er genug Sonnenlicht und frische Luft bekommt. So bleibt der Rasen immer grün und frisch für die Spiele.

Heimat der Königsblauen:
Die Arena ist die Heimstätte des FC Schalke 04, liebevoll als die „Königsblauen“ bekannt. Die Fans sind berühmt für ihre Treue und Leidenschaft, die sie ihrem Team bei jedem Spiel entgegenbringen.

HIER WIRD GESPIELT

HAMBURG

VOLKSPARKSTADION

Stadt: Hamburg
Baujahr: 1953, 1998 neu gemacht (renoviert)

Zuschauerplätze:
ca. 57.000

HIER WIRD GESPIELT

HAMBURG

WUSSTEST DU ...?

Dino Hermann Fakt:
Dino Hermann, das Maskottchen des Hamburger SV, ist ein fröhlicher Dinosaurier, der den Spitznamen des HSV als „Bundesliga-Dino“ lebendig hält und Fans jeden Alters begeistert.

Bühne großer Spiele:
Das Stadion hat viele unvergessliche Momente erlebt, darunter Bundesliga-Spiele, internationale Begegnungen und sogar Spiele der Fußball-Weltmeisterschaft 1974 und der Europameisterschaft 1988.

Einzigartige Atmosphäre:
Bekannt für seine fantastische Stimmung, steht das Volksparkstadion für die Leidenschaft der Hamburger Fans. Der „Nordtribüne“ wird nachgesagt, sie sei einer der lebendigsten Fanbereiche in ganz Deutschland.

HIER WIRD GESPIELT

KÖLN

RHEINENERGIESTADION

Stadt: Köln
Baujahr: 1923, 2002 neu gemacht (renoviert)

Zuschauerplätze:
ca. 50.000

HIER WIRD GESPIELT

KÖLN

WUSSTEST DU ...?

Farbenfrohe Fans:
Das RheinEnergieStadion ist die Heimat des 1. FC Köln. Die Fans sind bekannt für ihre bunte Kleidung und die „Hennes“, das lebendige Geißbock-Maskottchen, das bei jedem Heimspiel dabei ist.

Lichtspektakel:
Die Stadionbeleuchtung kann in verschiedenen Farben leuchten, was besonders bei Nachtspielen für eine magische Atmosphäre sorgt. Stell dir vor, wie das Stadion in den Farben deines Lieblingsteams erstrahlt!

Historische Momente:
Das Stadion hat viele denkwürdige Spiele erlebt, darunter internationale Begegnungen und spannende Bundesliga-Duelle. Jedes Spiel schreibt ein neues Kapitel in seiner reichen Geschichte.

HIER WIRD GESPIELT

LEIPZIG

RED BULL ARENA

Stadt: Leipzig
Baujahr: 1956, 2004 neu gemacht (renoviert)

Zuschauerplätze:
ca. 47.069

HIER WIRD GESPIELT
LEIPZIG

WUSSTEST DU ...?

Von der Vergangenheit zur Zukunft:
Das Stadion steht auf dem Gelände des alten Zentralstadions, das einst eines der größten Stadien Europas war. Der Umbau hat die historische Außenmauer erhalten und in die neue Arena integriert, eine spannende Verbindung von Geschichte und Moderne.

Heimat der Roten Bullen:
Die Red Bull Arena ist das Zuhause von RB Leipzig, einem Verein, der für seinen schnellen Aufstieg im deutschen Fußball bekannt ist. Die Spiele hier sind voller Energie und Leidenschaft, sowohl auf dem Feld als auch auf den Tribünen.

Ein Ort für Großereignisse:
Neben aufregenden Fußballspielen ist die Arena auch Schauplatz für Konzerte und andere große Veranstaltungen. Es ist ein Ort, wo Sport, Kultur und Unterhaltung aufeinandertreffen.

HIER WIRD GESPIELT

MÜNCHEN

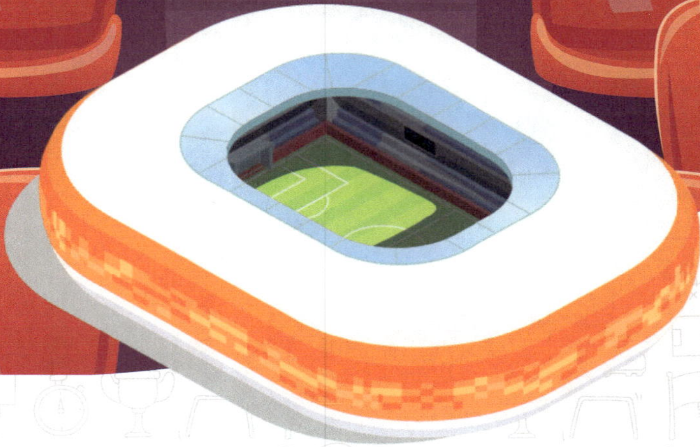

ALLIANZ ARENA

Stadt: München
Baujahr: 2005

Zuschauerplätze:
ca. 75.024

HIER WIRD GESPIELT

MÜNCHEN

WUSSTEST DU ...?

- **Farbenwechsel:**
  Die Außenhaut der Allianz Arena kann in verschiedenen Farben leuchten, meist in Rot, wenn der FC Bayern München spielt, und in Weiß für die deutsche Nationalmannschaft. Dieses leuchtende Farbenspiel ist besonders nachts ein faszinierender Anblick.

- **Heimat der Rekorde:**
  Die Arena ist die Heimstätte des FC Bayern München, einem der erfolgreichsten Fußballclubs in Deutschland und Europa. Hier finden einige der spannendsten Spiele im deutschen Fußball statt, mit Weltklasse-Spielern auf dem Feld.

- **Architektonisches Wunder:**
  Die Allianz Arena ist berühmt für ihre einzigartige Architektur, die aussieht wie ein riesiges aufblasbares Kissen. Dieses Design macht das Stadion zu einem der fotogensten und wiedererkennbarsten der Welt.

HIER WIRD GESPIELT

STUTTGART

MHP ARENA

Stadt: Stuttgart
Baujahr: 1933, 2011 neu gemacht (renoviert)

Zuschauerplätze:
ca. 60.449

HIER WIRD GESPIELT

STUTTGART

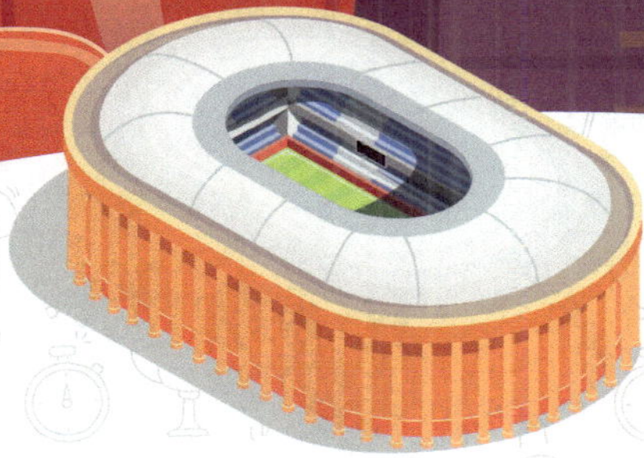

WUSSTEST DU ...?

Heimat des VfB Stuttgart:
Die MHP Arena ist die Heimat des VfB Stuttgart, eines Clubs mit einer reichen Geschichte und einer leidenschaftlichen Fangemeinde. Die Atmosphäre bei Heimspielen ist elektrisierend, wenn Tausende von Fans ihre Mannschaft anfeuern.

Von Leichtathletik zu Fußball:
Die Arena war ursprünglich als Leichtathletikstadion konzipiert, wurde aber im Laufe der Jahre zu einem reinen Fußballstadion umgebaut. Diese Veränderung brachte die Fans näher ans Spielfeld und verbesserte die Stimmung bei den Spielen.

Historische Momente:
Das Stadion hat viele unvergessliche Fußballmomente erlebt, darunter spannende Bundesliga-Spiele und internationale Begegnungen. Jedes Spiel in der MHP Arena ist ein Stück Fußballgeschichte.

HAST DU GUT AUFGEPASST?

BEREIT?!

QUIZ

Welches Stadion wird hier gesucht?

____

Wie nennt man die große Fankurve im Signal Iduna Park?

- ☐ Gelbe Wand
- ☐ Rote Mauer
- ☐ Blaue Welle

In welcher Stadt kannst du die Merkur Spiel-Arena besuchen?

- ☐ Berlin
- ☐ Düsseldorf
- ☐ Frankfurt

QUIZ

Für welchen Fußballclub ist der Deutsche Bank Park das Zuhause?

- [ ] FC Bayern München
- [ ] Eintracht Frankfurt
- [ ] RB Leipzig

Was ist besonders an der VELTINS-Arena?

- [ ] Sie hat ein schließbares Dach.
- [ ] Sie ist unter Wasser.
- [ ] Sie schwebt in der Luft.

In welchen Farben kann die Allianz Arena leuchten?

- [ ] Nur Blau
- [ ] Rot und Weiß
- [ ] Nur Gelb

In welchem Jahr wurde das Olympiastadion gebaut?

- [ ] 1936
- [ ] 1954
- [ ] 1972

QUIZ

Welches Tier ist das Maskottchen des Heimteams im Volksparkstadion? Folge der Spur!

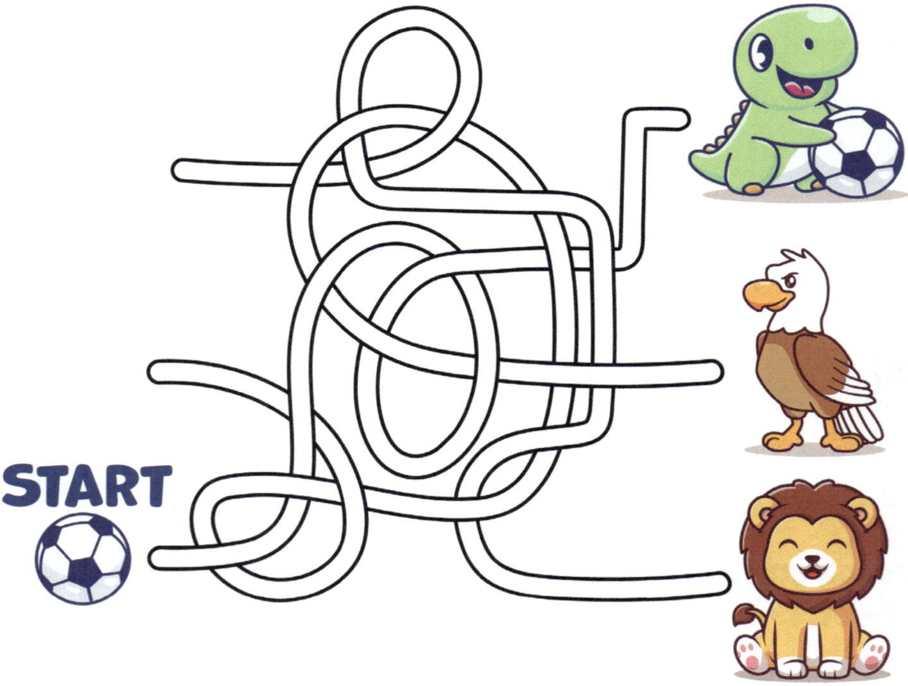

In welchem Jahr wurde der Deutsche Bank Park renoviert?

☐ 2005 ☐ 1999 ☐ 2010

QUIZ

Wofür wird die Düsseldorf Arena außer für Fußball noch genutzt?

- [ ] Nur für Fußball
- [ ] Für Konzerte und Sport
- [ ] Fürs Schwimmen

Was kann die VELTINS-Arena, was viele andere Stadien nicht können?

- [ ] Den Rasen ausfahren
- [ ] Unter Wasser gehen
- [ ] In die Luft fliegen

Was ist das besondere Tier bei den Spielen in Köln?

- [ ] Pferd
- [ ] Gießbock
- [ ] Bär

FUSSBALL RUND UM DIE WELT - LERNE DIE TEAMS KENNEN!

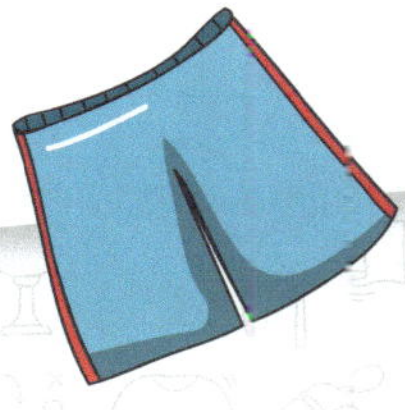

DAS TAPFERE TEAM

ALBANIEN

CA. 2,8 MILLIONEN

TIRANA

TEAM STECKBRIEF

VERTEIDIGUNG 70%

ANGRIFF 65%

TEAMGEIST 75%

WUSSTEST DU …?

Albanien hat 2016 zum ersten Mal an einer Europameisterschaft teilgenommen. Das war ein großer Moment für das Land, und die Fans waren super stolz auf ihr Team!

DIE ROTEN TEUFEL

BELGIEN

CA. 11,5 MILLIONEN

BRÜSSEL

TEAM STECKBRIEF

VERTEIDIGUNG	80%
ANGRIFF	85%
TEAMGEIST	82%

WUSSTEST DU ...?

Wusstest du, dass die belgische Mannschaft auch „Rote Teufel“ genannt wird? Sie haben 1920 bei den Olympischen Spielen Gold gewonnen und waren 1980 Vizeeuropameister. 2018 erreichten sie den dritten Platz bei der Weltmeisterschaft.

DAS LAND DER MUTIGEN WIKINGER!

DÄNEMARK

CA. 5,8 MILLIONEN

KOPENHAGEN

TEAM STECKBRIEF

VERTEIDIGUNG	78%
ANGRIFF	80%
TEAMGEIST	82%

WUSSTEST DU ...?

Wusstest du, dass Dänemark 1992 Europameister wurde, obwohl sie ursprünglich gar nicht qualifiziert waren? Sie rückten ins Turnier nach, als Jugoslawien disqualifiziert wurde, und gewannen überraschend den Titel!

EIN LAND VOLLER ABENTEUER!

DEUTSCHLAND

CA. 83 MILLIONEN

BERLIN

TEAM STECKBRIEF

VERTEIDIGUNG	85%
ANGRIFF	90%
TEAMGEIST	92%

WUSSTEST DU ...?

Die deutsche Fußballmannschaft hat mal 16 Tore in einem Spiel gemacht! Das war 1912 und ihr größter Sieg.

DIE DREI LÖWEN AUS ENGLAND

ENGLAND

CA. 55,9 MILLIONEN

LONDON

TEAM STECKBRIEF

VERTEIDIGUNG	82%
ANGRIFF	85%
TEAMGEIST	80%

WUSSTEST DU ...?

Wusstest du, dass England eine der ältesten Fußballnationalmannschaften der Welt ist? Ihr erstes Länderspiel spielten sie 1872 gegen Schottland. Der größte Erfolg Englands war der Gewinn der Fußballweltmeisterschaft im Jahr 1966 in ihrem eigenen Land.

DIE STOLZEN BLAUEN

FRANKREICH

CA. 67 MILLIONEN

PARIS

TEAM STECKBRIEF

VERTEIDIGUNG	83%
ANGRIFF	87%
TEAMGEIST	85%

WUSSTEST DU ...?

Wusstest du, dass Frankreich zweimal Weltmeister wurde, nämlich 1998 und 2018? Sie haben auch zweimal die Europameisterschaft gewonnen, 1984 und 2000. Ihre Mannschaft wird oft „Les Bleus“ genannt, wegen ihrer traditionell blauen Trikots.

ITALIENS FUSSBALLHELDEN – DIE AZZURRI

ITALIEN

CA. 60 MILLIONEN

ROM

TEAM STECKBRIEF

VERTEIDIGUNG	86%
ANGRIFF	84%
TEAMGEIST	88%

WUSSTEST DU ...?

Wusstest du, dass Italien viermal die Fußballweltmeisterschaft gewonnen hat? Sie waren Weltmeister in den Jahren 1934, 1938, 1982 und 2006. Und ihr Spitzname „Gli Azzurri“ bedeutet „Die Azurblauen“, was von der blauen Farbe ihrer Trikots kommt.

DIE KARIERTEN KRIEGER

KROATIEN

CA. 4 MILLIONEN

ZAGREB

TEAM STECKBRIEF

VERTEIDIGUNG	82%
ANGRIFF	84%
TEAMGEIST	87%

WUSSTEST DU ...?

Wusstest du, dass Kroatien 2018 Vize-Weltmeister wurde? Das war ein riesiger Erfolg für das Land, da Kroatien eine relativ junge Nation im internationalen Fußball ist.

DIE FLIEGENDEN HOLLÄNDER

NIEDERLANDE

CA. 17 MILLIONEN

AMSTERDAM

TEAM STECKBRIEF

VERTEIDIGUNG	80%
ANGRIFF	85%
TEAMGEIST	83%

WUSSTEST DU ...?

Wusstest du, dass die niederländische Mannschaft den Spitznamen „Oranje“ trägt, wegen ihrer traditionell orangefarbenen Trikots? Sie waren 1988 Europameister und haben es drei Mal bis ins Finale der Weltmeisterschaft geschafft!

ÖSTERREICHS FUSSBALLGLANZ

ÖSTERREICH

CA. 8,9 MILLIONEN

WIEN

TEAM STECKBRIEF

VERTEIDIGUNG	75%
ANGRIFF	77%
TEAMGEIST	80%

WUSSTEST DU ...?

Wusstest du, dass Österreichs erstes offizielles Länderspiel gegen Ungarn im Jahr 1902 stattfand und sie dieses Spiel mit 5:0 gewannen? Das war das erste Fußball-Länderspiel zwischen zwei nicht-britischen Mannschaften in Europa!

PORTUGALS FUSSBALLERISCHE MEISTERWERKE

PORTUGAL

CA. 10,3 MILLIONEN

LISSABON

TEAM STECKBRIEF

VERTEIDIGUNG	78%
ANGRIFF	85%
TEAMGEIST	82%

WUSSTEST DU …?

Wusstest du, dass Portugal bei der Fußball-Europameisterschaft 2016 ihren ersten großen internationalen Titel gewonnen hat? Sie haben das Finale gegen Frankreich gewonnen, obwohl ihr berühmtester Spieler, Cristiano Ronaldo, früh verletzt wurde.

RUMÄNIENS FUSSBALLHELDEN

RUMÄNIEN

CA. 19 MILLIONEN

BUKAREST

TEAM STECKBRIEF

VERTEIDIGUNG	70%
ANGRIFF	72%
TEAMGEIST	75%

WUSSTEST DU ...?

Wusstest du, dass die rumänische Nationalmannschaft in den 1990er Jahren als eine der stärksten Mannschaften Europas galt? Sie hatten damals berühmte Spieler wie Gheorghe Hagi und erreichten bei der Weltmeisterschaft 1994 in den USA das Viertelfinale.

SCHOTTLANDS MUTIGE KICKER

SCHOTTLAND

CA. 5,5 MILLIONEN

EDINBURGH

TEAM STECKBRIEF

VERTEIDIGUNG	73%
ANGRIFF	70%
TEAMGEIST	76%

WUSSTEST DU ...?

Wusstest du das die schottische Fußballnationalmannschaft, eine der ältesten weltweit, ihr erstes Spiel 1872 gegen England spielte. Trotz ihres Kampfgeistes haben sie noch keine großen Turniere gewonnen.

DIE STARKEN EIDGENOSSEN

SCHWEIZ

CA. 8,5 MILLIONEN

BERN

TEAM STECKBRIEF

VERTEIDIGUNG	80%
ANGRIFF	78%
TEAMGEIST	82%

WUSSTEST DU ...?

Wusstest du, dass die Schweiz eines der ersten Länder in Europa war, in dem Fußball gespielt wurde? Britische Studenten und Kaufleute gründeten in den 1870er Jahren die ersten Fußballclubs in der Schweiz. Die Schweiz war auch eines der Gründungsmitglieder der FIFA im Jahr 1904.

SERBIENS FUSSBALLKÜNSTLER

SERBIEN

CA. 7 MILLIONEN

BELGRAD

TEAM STECKBRIEF

VERTEIDIGUNG	75%
ANGRIFF	77%
TEAMGEIST	78%

WUSSTEST DU ...?

Wusstest du, dass die serbische Mannschaft 1930 als Teil der jugoslawischen Nationalmannschaft bei der ersten Fußball-Weltmeisterschaft in Uruguay das Halbfinale erreichte? Dieser Erfolg wird bis heute in Serbien gefeiert und ist ein wichtiger Teil ihrer Fußballgeschichte.

SLOWAKEIS FUSSBALLHELDEN

SLOWAKEI

CA. 5,5 MILLIONEN

BRATISLAVA

TEAM STECKBRIEF

VERTEIDIGUNG	78%
ANGRIFF	76%
TEAMGEIST	79%

WUSSTEST DU ...?

Wusstest du, dass die Slowakei bei der Fußball-Weltmeisterschaft 2010 in Südafrika einen großen Erfolg feierte? Sie besiegten den damaligen Weltmeister Italien mit 3:2 und erreichten das Achtelfinale. Dies war ein historischer Moment für den slowakischen Fußball.

SLOWENIENS FUSSBALLSTOLZ

SLOWENIEN

CA. 2 MILLIONEN

LJUBLJANA

TEAM STECKBRIEF

VERTEIDIGUNG	76%
ANGRIFF	74%
TEAMGEIST	78%

WUSSTEST DU ...?

Wusstest du, dass Slowenien sich erstmals für die Europameisterschaft 2000 qualifiziert hat. Diese Teilnahme markierte einen wichtigen Schritt in der Entwicklung des Fußballs in Slowenien.

SPANIENS FUSSBALL-ZAUBERER

SPANIEN

CA. 47 MILLIONEN

MADRID

TEAM STECKBRIEF

VERTEIDIGUNG	85%
ANGRIFF	88%
TEAMGEIST	87%

WUSSTEST DU ...?

Wusstest du, dass Spanien 2010 Weltmeister wurde und auch dreimal die Europameisterschaft gewonnen hat, nämlich 1964, 2008 und 2012? Sie sind berühmt für ihren „Tiki-Taka"-Spielstil, bei dem sie den Ball schnell und genau zwischen den Spielern hin und her passen.

TSCHECHIENS FUSSBALLHELDEN

TSCHECHIEN

CA. 10,7 MILLIONEN

PRAG

TEAM STECKBRIEF

VERTEIDIGUNG	77%
ANGRIFF	80%
TEAMGEIST	82%

WUSSTEST DU ...?

Wusstest du, dass Tschechien 1996 bei der Europameisterschaft in England bis ins Finale gekommen ist? Sie verloren zwar gegen Deutschland, aber das war ein riesiger Erfolg, vor allem weil es ihre erste Teilnahme als eigenständiges Land war.

TÜRKEIS FUSSBALLZAUBER

TÜRKEI

CA. 84,7 MILLIONEN

ANKARA

TEAM STECKBRIEF

VERTEIDIGUNG 76%

ANGRIFF 79%

TEAMGEIST 81%

WUSSTEST DU ...?

Wusstest du, dass die türkische Nationalmannschaft 2002 bei der Weltmeisterschaft den dritten Platz erreicht hat? Sie haben dabei viele starke Teams besiegt und sind für ihren schnellen Angriffsfußball bekannt.

UNGARNS FUSSBALLZAUBER

UNGARN

CA. 10 MILLIONEN

BUDAPEST

TEAM STECKBRIEF

VERTEIDIGUNG 77%

ANGRIFF 79%

TEAMGEIST 81%

WUSSTEST DU ...?

Wusstest du, dass die ungarische Fußballnationalmannschaft in den 1950er Jahren als „Goldene Mannschaft“ bekannt war? Sie waren damals eines der besten Teams der Welt und fast unschlagbar. Sie haben sogar einmal bei den Olympischen Spielen 1952 Gold gewonnen!

HAST DU GUT AUFGEPASST?

BEREIT?!

QUIZ

Welche Farben hat die Deutsche Flagge? Male die Flagge passend aus!

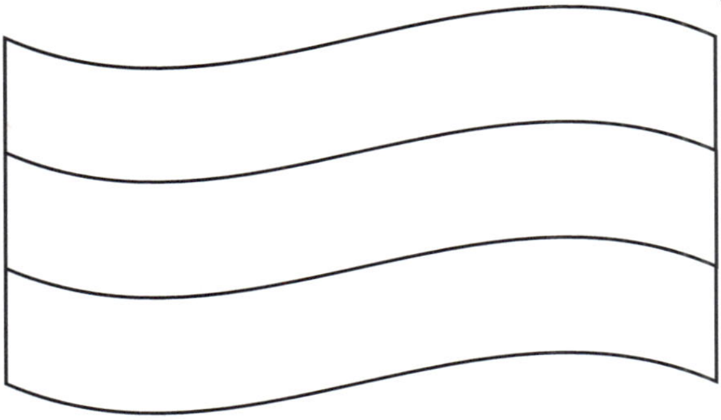

Wie viele Tore hat die deutsche Fußballmannschaft in ihrem größten Sieg erzielt, der 1912 stattfand?

☐ 10 Tore ☐ 12 Tore

☐ 14 Tore ☐ 16 Tore

QUIZ

Welchen Spitznamen hat die Fußballmannschaft aus Belgien?

Welches Land, das auf der Landkarte wie ein Stiefel aussieht, hat vier mal die Fussballweltmeisterschaft gewonnen?

☐ Albanien

☐ Portugal

☐ Italien

QUIZ

Welches Land hat eine der ältesten Fußballnationalmannschaften?

- [ ] Deutschland
- [ ] Türkei
- [ ] England
- [ ] Italien

Welche Fußballnationalmannschaft, eine der ältesten der Welt, spielte ihr erstes Länderspiel 1872 gegen England, hat aber bis heute keine großen Turniere gewonnen?

- [ ] Wales
- [ ] Irland
- [ ] Schottland
- [ ] Ungarn

Welche Fußballmannschaft wird „Oranje“ genannt, wegen ihrer traditionellen Farbe der Trikots?

- [ ] Spanien
- [ ] Niederlande
- [ ] Albanien
- [ ] Portugal

DER EM-SPIELPLAN

DER EM-SPIELPLAN

DAS GROSSE FUSSBALLABENTEUER - UNSER WEG DURCH DIE EM!

PLAYOFF-SPIELE

GRUPPE A

HALBFINALE 1

DATUM	UHRZEIT	SPIEL	ERGEBNIS
21. MÄRZ 2024	20:45 UHR	POLEN - ESTLAND	______ : ______

HALBFINALE 2

DATUM	UHRZEIT	SPIEL	ERGEBNIS
21. MÄRZ 2024	20:45 UHR	WALES - FINNLAND	______ : ______

FINALE

DATUM	UHRZEIT	SPIEL	ERGEBNIS
26. MÄRZ 2024	______ UHR	SIEGER HF 1 - SIEGER HF 2	______ : ______

PLAYOFF-SPIELE

GRUPPE B

HALBFINALE 1

DATUM	UHRZEIT	SPIEL	ERGEBNIS
21. MÄRZ 2024	20:45 UHR	ISRAEL - ISLAND	____ : ____

HALBFINALE 2

DATUM	UHRZEIT	SPIEL	ERGEBNIS
21. MÄRZ 2024	20:45 UHR	BOSNIEN & HERZEGOWINE - UKRAINE	____ : ____

FINALE

DATUM	UHRZEIT	SPIEL	ERGEBNIS
26. MÄRZ 2024	____ UHR	SIEGER HF 1 - SIEGER HF 2	____ : ____

PLAYOFF-SPIELE

GRUPPE C

HALBFINALE 1

DATUM	UHRZEIT	SPIEL	ERGEBNIS
21. MÄRZ 2024	20:45 UHR	GEORGIEN - LUXEMBURG	______ : ______

HALBFINALE 2

DATUM	UHRZEIT	SPIEL	ERGEBNIS
21. MÄRZ 2024	20:45 UHR	GRIECHENLAND - KASACHSTAN	______ : ______

FINALE

DATUM	UHRZEIT	SPIEL	ERGEBNIS
26. MÄRZ 2024	______ UHR	SIEGER HF 1 - SIEGER HF 2	______ : ______

PLAYOFF-SPIELE

SIEGER

PLAYOFF-GEWINNER A

____

PLAYOFF-GEWINNER B

____

PLAYOFF-GEWINNER C

____

GRUPPPENSPIELPHASE

GRUPPE A

	PUNKTE	PLATZ
DEUTSCHLAND		
SCHOTTLAND		
UNGARN		
SCHWEIZ		

GRUPPENSPIELPHASE

GRUPPE A

DATUM	UHRZEIT	SPIEL	ERGEBNIS
14. JUNI 2024	21 UHR	DEUTSCHLAND - SCHOTTLAND	____ : ____
15. JUNI 2024	15 UHR	UNGARN - SCHWEIZ	____ : ____
19. JUNI 2024	21 UHR	SCHOTTLAND - SCHWEIZ	____ : ____
19. JUNI 2024	18 UHR	DEUTSCHLAND - UNGARN	____ : ____
23. JUNI 2024	21 UHR	SCHWEIZ - DEUTSCHLAND	____ : ____
23. JUNI 2024	21 UHR	SCHOTTLAND - UNGARN	____ : ____

GRUPPPENSPIELPHASE

GRUPPE B

	PUNKTE	PLATZ
SPANIEN		
KROATIEN		
ITALIEN		
ALBANIEN		

GRUPPENSPIELPHASE

GRUPPE B

DATUM	UHRZEIT	SPIEL	ERGEBNIS
15. JUNI 2024	18 UHR	SPANIEN - KROATIEN	___ : ___
15. JUNI 2024	21 UHR	ITALIEN - ALBANIEN	___ : ___
19. JUNI 2024	15 UHR	ALBANIEN - KROATIEN	___ : ___
20. JUNI 2024	21 UHR	SPANIEN - ITALIEN	___ : ___
24. JUNI 2024	21 UHR	ALBANIEN - SPANIEN	___ : ___
24. JUNI 2024	21 UHR	KROATIEN - ITALIEN	___ : ___

GRUPPPENSPIELPHASE

GRUPPE C

	PUNKTE	PLATZ
SLOWENIEN		
DÄNEMARK		
SERBIEN		
ENGLAND		

GRUPPENSPIELPHASE

GRUPPE C

DATUM	UHRZEIT	SPIEL	ERGEBNIS
16. JUNI 2024	18 UHR	SLOWENIEN - DÄNEMARK	____ : ____
16. JUNI 2024	21 UHR	SERBIEN - ENGLAND	____ : ____
20. JUNI 2024	18 UHR	DÄNEMARK - ENGLAND	____ : ____
20. JUNI 2024	15 UHR	SLOWENIEN - SERBIEN	____ : ____
25. JUNI 2024	21 UHR	ENGLAND - SLOWENIEN	____ : ____
25. JUNI 2024	21 UHR	DÄNEMARK - SERBIEN	____ : ____

GRUPPE D

	PUNKTE	PLATZ
PLAYOFF-GEWINNER A ______________________		
NIEDERLANDE		
ÖSTERREICH		
FRANKREICH		

GRUPPENSPIELPHASE

GRUPPE D

DATUM	UHRZEIT	SPIEL	ERGEBNIS
16. JUNI 2024	15 UHR	PLAYOFF-SIEGER A - NIEDERLANDE	____ : ____
17. JUNI 2024	21 UHR	ÖSTERREICH - FRANKREICH	____ : ____
21. JUNI 2024	18 UHR	PLAYOFF-SIEGER A - ÖSTERREICH	____ : ____
21. JUNI 2024	21 UHR	NIEDERLANDE - FRANKREICH	____ : ____
25. JUNI 2024	18 UHR	FRANKREICH - PLAYOFF-SIEDER A	____ : ____
25. JUNI 2024	18 UHR	NIEDERLANDE - ÖSTERREICH	____ : ____

GRUPPPENSPIELPHASE

GRUPPE E

	PUNKTE	PLATZ
BELGIEN		
SLOWAKEI		
RUMÄNIEN		
PLAYOFF-GEWINNER B ______________		

GRUPPENSPIELPHASE

GRUPPE E

DATUM	UHRZEIT	SPIEL	ERGEBNIS
17. JUNI 2024	18 UHR	BELGIEN - SLOWAKEI	___ : ___
17. JUNI 2024	15 UHR	RUMÄNIEN - PLAYOFF-SIEGER B	___ : ___
21. JUNI 2024	15 UHR	SLOWAKEI - PLAYOFF-SIEGER B	___ : ___
22. JUNI 2024	21 UHR	BELGIEN - RUMÄNIEN	___ : ___
26. JUNI 2024	18 UHR	PLAYOFF-SIEGER B - BELGIEN	___ : ___
26. JUNI 2024	18 UHR	SLOWAKEI - RUMÄNIEN	___ : ___

GRUPPENSPIELPHASE

GRUPPE F

	PUNKTE	PLATZ
TÜRKEI		
PLAYOFF-GEWINNER C ______________________		
PORTUGAL		
TSCHECHIEN		

GRUPPENSPIELPHASE

GRUPPE F

DATUM	UHRZEIT	SPIEL	ERGEBNIS
18. JUNI 2024	18 UHR	TÜRKEI - PLAYOFF-SIEGER C	____ : ____
18. JUNI 2024	21 UHR	PORTUGAL - TSCHECHIEN	____ : ____
22. JUNI 2024	18 UHR	TÜRKEI - PORTUGAL	____ : ____
22. JUNI 2024	15 UHR	PLAYOFF-SIEGER C - TSCHECHIEN	____ : ____
26. JUNI 2024	21 UHR	TSCHECHIEN - TÜRKEI	____ : ____
26. JUNI 2024	21 UHR	PLAYOFF-SIEGER C - PORTUGAL	____ : ____

K.O. PHASE

ACHTELFINALE

DATUM	UHRZEIT	SPIEL	ERGEBNIS
29. JUNI 2024	18 UHR	ZWEITER GR. A ______ : ______ ZWEITER GR. B	______ : ______
29. JUNI 2024	21 UHR	SIEGER GR. A ______ : ______ ZWEITER GR. C	______ : ______
30. JUNI 2024	18 UHR	SIEGER GR. C ______ : ______ DRITTER D/E/F	______ : ______
30. JUNI 2024	21 UHR	SIEGER GR. B ______ : ______ DRITTER A/D/E/F	______ : ______

K.O. PHASE

ACHTELFINALE

DATUM	UHRZEIT	SPIEL		ERGEBNIS
01. JULI 2024	18 UHR	ZWEITER GR. D ______	: ZWEITER GR. E ______	____ : ____
01. JULI 2024	21 UHR	SIEGER GR. F ______	: DRITTER A/B/C ______	____ : ____
02. JUNI 2024	18 UHR	SIEGER GR. E ______	: DRITTER A/B/C/D ______	____ : ____
02. JUNI 2024	21 UHR	SIEGER GR. D ______	: ZWEITER GR. F ______	____ : ____

K.O. PHASE

VIERTELFINALE

DATUM	UHRZEIT	SPIEL	ERGEBNIS
05. JULI 2024	18 UHR	SIEGER AF 3 : SIEGER AF 1	:
05. JULI 2024	21 UHR	SIEGER AF 5 : SIEGER AF 6	:
06. JULI 2024	18 UHR	SIEGER AF 4 : SIEGER AF 2	:
06. JULI 2024	21 UHR	SIEGER AF 7 : SIEGER AF 8	:

K.O. PHASE

HALBFINALE

DATUM	UHRZEIT	SPIEL	ERGEBNIS
09. JULI 2024	21 UHR	SIEGER VF 1 ________ : ________ SIEGER VF 2	______ : ______
10. JULI 2024	21 UHR	SIEGER VF 3 ________ : ________ SIEGER VF 4	______ : ______

K.O. PHASE

FINALE

DATUM	UHRZEIT	SPIEL	ERGEBNIS
14. JULI 2024	21 UHR	SIEGER HF 1 ______ : ______ SIEGER HF 2	______ : ______

K.O. PHASE

SIEGER

Weißt du, wer gewonnen hat? Schreib die Namen der Gewinner hier auf und male die Flagge des Landes in die Kästchen. So können wir zusammen feiern!

2

1

Die Reise ist nun zu Ende!

Wir sind am Ende unserer gemeinsamen Reise durch die Fußball-Europameisterschaft 2024 angekommen. Wir möchten uns von Herzen bei euch, den jungen Entdeckern und Fußballfans, und natürlich bei den Eltern, die diese Leidenschaft unterstützen und teilen, bedanken.

Es war eine Freude, die aufregenden Spiele, die lebhaften Stadien und die faszinierenden Teams mit euch zu entdecken. Wir hoffen, dass dieses Buch euch nicht nur Freude und Wissen gebracht hat, sondern auch schöne gemeinsame Momente und Gespräche.

Möge die Liebe zum Fußball und die Freude am gemeinsamen Erleben euch weiterhin begleiten. Bis zum nächsten großen Turnier!

Mit einem herzlichen Torjubel verabschieden wir uns – bis zum nächsten Abenteuer auf und neben dem Spielfeld!

WIR SAGEN DANKE UND AUF WIEDERSEHEN!

Printed in France by Amazon
Brétigny-sur-Orge, FR

19077156R00049